Was heißt
Sich im Denken orientieren?

Immanuel Kant

Alpha Editions

This edition published in 2022

ISBN : 9789356704480

Design and Setting By
Alpha Editions
www.alphaedis.com
Email - info@alphaedis.com

Was heißt
Sich im Denken orientieren?

By Immanuel Kant

Was heißt Sich im Denken orientieren?

Wir mögen unsere Begriffe noch so hoch anlegen und dabei noch so sehr von der Sinnlichkeit abstrahieren, so hängen ihnen doch noch immer *bildliche* Vorstellungen an, deren eigentliche Bestimmung es ist, sie, die sonst nicht von der Erfahrung abgeleitet sind, zum *Erfahrungsgebrauche* tauglich zu machen. Denn wie wollten wir auch unseren Begriffen Sinn und Bedeutung verschaffen, wenn ihnen nicht irgendeine Anschauung, (welche zuletzt immer ein Beispiel aus irgendeiner möglichen Erfahrung sein muß), untergelegt würde? Wenn wir hernach von dieser konkreten Verstandeshandlung die Beimischung des Bildes, zuerst der zufälligen Wahrnehmung durch Sinne, dann sogar die reine sinnliche Anschauung überhaupt weglassen: so bleibt jener reine Verstandesbegriff übrig, dessen Umfang nun erweitert ist und eine Regel des Denkens überhaupt enthält. Auf solche Weise ist selbst die allgemeine Logik zustande gekommen; und manche *heuristische* Methode zu denken liegt in dem Erfahrungsgebrauche unseres Verstandes und der Vernunft vielleicht noch verborgen, welche, wenn wir sie behutsam aus jener Erfahrung herauszuziehen verständen, die Philosophie wohl mit mancher nützlichen Maxime, selbst im abstrakten Denken, bereichern könnte.

Von dieser Art ist der Grundsatz, zu dem der sel. MENDELSSOHN, soviel ich weiß, nur in seinen letzten Schriften (den *Morgenstunden* S. 165–66 und dem *Briefe an Lessings Freunde* S. 33 und 67) sich ausdrücklich bekannte: nämlich die Maxime der Notwendigkeit, im spekulativen Gebrauche der Vernunft, (welchem er sonst in Ansehung der Erkenntnis übersinnlicher Gegenstände sehr viel, sogar bis zur Evidenz der Demonstration zutraute), durch ein gewisses Leitungsmittel, welches er bald den *Gemeinsinn* (Morgenstunden), bald die *gesunde Vernunft*, bald den *schlichten Menschenverstand* (an Lessings Freunde) nannte, sich zu *orientieren.* Wer hätte denken sollen, daß dieses Geständnis nicht allein seiner vorteilhaften Meinung von der Macht des *spekulativen* Vernunftgebrauchs in Sachen der Theologie so verderblich werden sollte, (welches in der Tat unvermeidlich war); sondern daß selbst die gemeine gesunde Vernunft bei der Zweideutigkeit, worin er die Ausübung dieses Vermögens im Gegensatze mit der Spekulation ließ, in Gefahr geraten würde, zum Grundsatze der Schwärmerei und der gänzlichen Entthronung der Vernunft zu dienen? Und doch geschah dieses in der Mendelssohn- und Jacobischen Streitigkeit, vornehmlich durch die nicht unbedeutenden Schlüsse des scharfsinnigen Verfassers der *Resultate*;(1) wiewohl ich keinem von beiden die Absicht, eine so verderbliche Denkungsart in Gang zu bringen, beilegen will, sondern des letzteren Unternehmung lieber als *argumentum ad hominem* ansehe, dessen man sich zur bloßen Gegenwehr zu bedienen wohl berechtigt ist, um die Blöße, die der Gegner gibt, zu dessen Nachteil zu benutzen. Andererseits werde ich zeigen, daß es in der Tat *bloß* die Vernunft, nicht ein vorgeblicher geheimer Wahrheitssinn, keine überschwengliche Anschauung unter dem Namen des Glaubens, worauf Tradition oder Offenbarung ohne Einstimmung der Vernunft gepfropft werden kann, sondern, wie MENDELSSOHN standhaft und mit gerechtem Eifer behauptete, bloß die eigentliche reine Menschenvernunft sei, wodurch er es nötig fand und anpries, sich zu orientieren; ob zwar freilich hiebei der hohe Anspruch des spekulativen Vermögens derselben, vornehmlich ihr allein gebietendes Ansehen (durch Demonstration) wegfallen und ihr, sofern sie spekulativ ist, nichts weiter als das Geschäft der Reinigung des gemeinen Vernunftbegriffs von Widersprüchen und die Verteidigung gegen *ihre eigenen* sophistischen Angriffe auf die Maximen einer gesunden Vernunft übrig gelassen werden muß. – Der erweiterte und genauer bestimmte Begriff des *Sich-Orientierens* kann uns behülflich sein, die Maxime der gesunden Vernunft in ihren Bearbeitungen zur Erkenntnis übersinnlicher Gegenstände deutlich darzustellen.

Sich *orientieren* heißt in der eigentlichen Bedeutung des Worts: aus einer gegebenen Weltgegend, (in deren vier wir den Horizont einteilen), die übrigen, namentlich den *Aufgang* zu finden. Sehe ich nun die Sonne am Himmel und weiß, daß es nun die Mittagszeit ist, so weiß ich Süden, Westen, Norden und Osten zu finden. Zu diesem Behuf bedarf ich aber durchaus das Gefühl eines Unterschiedes an meinem eigenen *Subjekt*, nämlich der rechten und linken Hand. Ich nenne es ein *Gefühl*, weil diese zwei Seiten äußerlich in der Anschauung keinen merklichen Unterschied zeigen. Ohne dieses Vermögen, in der Beschreibung eines Zirkels, ohne an ihm irgendeine Verschiedenheit der Gegenstände zu bedürfen, doch die Bewegung von der Linken zur Rechten von der in entgegengesetzter Richtung zu unterscheiden und dadurch eine Verschiedenheit in der Lage der Gegenstände a priori zu bestimmen, würde ich nicht wissen, ob ich Westen dem Südpunkte des Horizonts zur Rechten oder zur Linken setzen und so den Kreis durch Norden und Osten bis wieder zu Süden vollenden sollte. Also orientiere ich mich *geographisch* bei allen objektiven Datis am Himmel doch nur durch einen *subjektiven* Unterscheidungsgrund; und wenn in einem Tage durch ein Wunder alle Sternbilder zwar übrigens dieselbe Gestalt und ebendieselbe Stellung gegeneinander behielten, nur daß die Richtung derselben, die sonst östlich war, jetzt westlich geworden wäre, so würde in der nächsten sternhellen Nacht zwar kein menschliches Auge die geringste Veränderung bemerken und selbst der Astronom, wenn er bloß auf das, was er sieht und nicht zugleich, was er fühlt, achtgäbe, würde sich unvermeidlich *desorientieren.* So aber kömmt ihm ganz natürlich das zwar durch die Natur angelegte, aber durch öftere Ausübung gewohnte Unterscheidungsvermögen durchs Gefühl der rechten und linken Hand zu Hülfe, und er wird, wenn er nur den Polarstern ins Auge nimmt, nicht allein die vorgegangene Veränderung bemerken, sondern sich auch ungeachtet derselben *orientieren* können.

Diesen geographischen Begriff des Verfahrens sich zu orientieren kann ich nun erweitern und darunter verstehen: sich in einem gegebenen Raum überhaupt, mithin bloß *mathematisch* orientieren. Im Finstern orientiere ich mich in einem mir bekannten Zimmer, wenn ich nur einen einzigen Gegenstand, dessen Stelle ich im Gedächtnis habe, anfassen kann. Aber hier hilft mir offenbar nichts als das Bestimmungsvermögen der Lagen nach einem *subjektiven* Unterscheidungsgrunde; denn die Objekte, deren Stelle ich finden soll, sehe ich gar nicht; und hätte jemand mir zum Spaße alle Gegenstände zwar in derselben Ordnung untereinander, aber links gesetzt, was vorher rechts war, so würde ich mich in einem Zimmer, wo sonst alle Wände ganz gleich wären, gar nicht finden können. So aber orientiere ich mich bald durch das bloße Gefühl eines Unterschiedes meiner zwei Seiten, der rechten und der linken. Eben das geschieht, wenn ich zur Nachtzeit auf mir sonst bekannten Straßen, in denen ich jetzt kein Haus unterscheide, gehen und mich gehörig wenden soll.

Endlich kann ich diesen Begriff noch mehr erweitern, da er denn in dem Vermögen bestände, sich nicht bloß im Raume d. i. mathematisch, sondern *überhaupt im Denken* d. i. *logisch* zu orientieren. Man kann nach der Analogie leicht erraten, daß dieses ein Geschäft der reinen Vernunft sein werde, ihren Gebrauch zu lenken, wenn sie von bekannten Gegenständen (der Erfahrung) ausgehend sich über alle Grenzen der Erfahrung erweitern will und ganz und gar kein Objekt der Anschauung, sondern bloß Raum für dieselbe findet; da sie alsdann gar nicht mehr imstande ist, nach objektiven Gründen der Erkenntnis, sondern lediglich nach einem subjektiven Unterscheidungsgrunde, in der Bestimmung ihres eigenen Urteilvermögens, ihre Urteile unter eine bestimmte Maxime zu bringen.(2) Dies subjektive Mittel, das alsdann noch übrig bleibt, ist kein anderes als das Gefühl des der Vernunft eigenen *Bedürfnisses.* Man kann vor allem Irrtum gesichert bleiben, wenn man sich da nicht unterfängt zu urteilen, wo man nicht soviel weiß, als zu einem bestimmenden Urteile erforderlich ist. Also ist Unwissenheit an sich die Ursache zwar der Schranken, aber nicht der Irrtümer in unserer Erkenntnis. Aber wo es nicht so willkürlich ist, ob man über etwas bestimmt urteilen wolle oder nicht, wo ein wirkliches *Bedürfnis* und wohl gar ein solches, welches der Vernunft an sich selbst anhängt, das Urteilen notwendig macht und gleichwohl Mangel des Wissens in Ansehung der zum Urteil erforderlichen Stücke uns einschränkt, da ist eine Maxime nötig, wornach wir unser Urteil fällen; denn die Vernunft will einmal befriedigt sein. Wenn denn vorher schon ausgemacht ist, daß es hier keine Anschauung vom Objekte, nicht einmal etwas mit diesem Gleichartiges geben könne, wodurch wir unseren erweiterten Begriffen den ihnen angemessenen Gegenstand darstellen und diese also ihrer realen Möglichkeit wegen sichern könnten, so wird für uns nichts weiter zu tun übrig sein, als zuerst den Begriff, mit welchem wir uns über alle mögliche Erfahrung hinauswagen wollen, wohl zu prüfen, ob er auch von Widersprüchen frei sei; und dann wenigstens das *Verhältnis* des Gegenstandes zu den Gegenständen der Erfahrung unter reine Verstandesbegriffe zu bringen, wodurch wir ihn noch gar nicht versinnlichen, aber doch etwas Übersinnliches wenigstens tauglich zum Erfahrungsgebrauche unserer Vernunft denken; denn ohne diese Vorsicht würden wir von einem solchen Begriffe gar keinen Gebrauch machen können, sondern schwärmen anstatt zu denken.

Allein hiedurch, nämlich durch den bloßen Begriff, ist doch noch nichts in Ansehung der Existenz dieses Gegenstandes und der wirklichen Verknüpfung desselben mit der Welt (dem Inbegriffe aller Gegenstände möglicher Erfahrung) ausgerichtet. Nun aber tritt *das Recht des Bedürfnisses* der Vernunft ein als eines subjektiven Grundes, etwas vorauszusetzen und anzunehmen, was sie durch objektive

Gründe zu wissen sich nicht anmaßen darf, und folglich sich im Denken, im unermeßlichen und für uns mit dicker Nacht erfülleten Raume des Übersinnlichen lediglich durch ihr eigenes Bedürfnis zu *orientieren.*

Es läßt sich manches Übersinnliche denken; (denn Gegenstände der Sinne füllen doch nicht das ganze Feld aller Möglichkeit aus), wo die Vernunft gleichwohl kein Bedürfnis fühlt, sich bis zu demselben zu erweitern, viel weniger dessen Dasein anzunehmen. Die Vernunft findet an denen Ursachen in der Welt, welche sich den Sinnen offenbaren (oder wenigstens von derselben Art sind als die, so sich ihnen offenbaren), Beschäftigung genug, um noch den Einfluß reiner geistiger Naturwesen zu deren Behuf nötig zu haben; deren Annehmung vielmehr ihrem Gebrauche nachteilig sein würde. Denn da wir von den Gesetzen, nach welchen solche Wesen würken mögen, nichts, von jenen aber, nämlich den Gegenständen der Sinne, vieles wissen, wenigstens noch zu erfahren hoffen können; so würde durch solche Voraussetzung dem Gebrauche der Vernunft vielmehr Abbruch geschehen. Es ist also gar kein Bedürfnis, es ist vielmehr bloßer Vorwitz, der auf nichts als Träumerei ausläuft, darnach zu forschen oder mit Hirngespinsten der Art zu spielen. Ganz anders ist es mit dem Begriffe von einem ersten *Urwesen* als oberster Intelligenz und zugleich als dem höchsten Gute, bewandt. Denn nicht allein, daß unsere Vernunft schon ein Bedürfnis fühlt, den *Begriff* des Uneingeschränkten dem Begriffe alles Eingeschränkten, mithin aller anderen Dinge(3) zum Grunde zu legen; so geht dieses Bedürfnis auch auf die Voraussetzung des *Daseins* desselben, ohne welche sie sich von der Zufälligkeit der Existenz der Dinge in der Welt, am wenigsten aber von der Zweckmäßigkeit und Ordnung, die man in so bewunderungswürdigem Grade (im Kleinen, weil es uns nahe ist, noch mehr wie im Großen) allenthalben antrifft, gar keinen befriedigenden Grund angeben kann. Ohne einen verständigen Urheber anzunehmen, läßt sich, ohne in lauter Ungereimtheiten zu verfallen, wenigstens *kein verständlicher* Grund davon angeben; und ob wir gleich die Unmöglichkeit einer solchen Zweckmäßigkeit ohne eine erste *verständige Ursache* nicht *beweisen* können; (denn alsdann hätten wir hinreichende objektive Gründe dieser Behauptung und bedürften es nicht, uns auf den subjektiven zu berufen), so bleibt bei diesem Mangel der Einsicht doch ein genugsamer subjektiver Grund der *Annehmung* derselben darin, daß die Vernunft es *bedarf*, etwas, was ihr verständlich ist, vorauszusetzen, um diese gegebene Erscheinung daraus zu erklären, da alles, womit sie sonst nur einen Begriff verbinden kann, diesem Bedürfnisse nicht abhilft.

Man kann aber das Bedürfnis der Vernunft als zwiefach ansehen: *erstlich* in ihrem *theoretischen*, *zweitens* in ihrem *praktischen* Gebrauch. Das erste Bedürfnis habe ich eben angeführt; aber man sieht wohl, daß es nur bedingt sei, d. i. wir müssen die Existenz Gottes annehmen, wenn wir über die ersten Ursachen alles Zufälligen, vornehmlich in der Ordnung der wirklich in der Welt gelegten Zwecke, *urteilen wollen*. Weit wichtiger ist das Bedürfnis der Vernunft in ihrem praktischen Gebrauche, weil es unbedingt ist und wir die Existenz Gottes vorauszusetzen nicht bloß alsdann genötigt werden, wenn wir urteilen *wollen*, sondern weil wir *urteilen müssen*. Denn der reine praktische Gebrauch der Vernunft besteht in der Vorschrift der moralischen Gesetze. Sie führen aber alle auf die Idee des *höchsten Gutes*, was in der Welt möglich ist, sofern es allein durch *Freiheit* möglich ist: die *Sittlichkeit*; von der anderen Seite auch auf das, was nicht bloß auf menschliche Freiheit, sondern auch auf die *Natur* ankommt, nämlich auf die größte *Glückseligkeit*, sofern sie in Proportion der ersten ausgeteilt ist. Nun *bedarf* die Vernunft ein solches *abhängiges* höchste Gut und zum Behuf desselben eine oberste Intelligenz als höchstes *unabhängiges* Gut anzunehmen; zwar nicht, um davon das verbindende Ansehen der moralischen Gesetze oder die Triebfeder zu ihrer Beobachtung abzuleiten; (denn sie würden keinen moralischen Wert haben, wenn ihr Bewegungsgrund von etwas anderem als von dem Gesetz allein, das für sich apodiktisch gewiß ist, abgeleitet würde); sondern nur, um dem Begriffe vom höchsten Gut objektive Realität zu geben, d. i. zu verhindern, daß es zusamt der ganzen Sittlichkeit nicht bloß für ein bloßes Ideal gehalten werde, wenn dasjenige nirgend existierte, dessen Idee die Moralität unzertrennlich begleitet.

Es ist also nicht *Erkenntnis*, sondern gefühltes(4) *Bedürfnis* der Vernunft, wodurch sich MENDELSSOHN (ohne sein Wissen) im spekulativen Denken orientierte. Und da dieses Leitungsmittel nicht ein objektives Prinzip der Vernunft, ein Grundsatz der Einsichten, sondern ein bloß subjektives (d. i. eine Maxime) des ihr durch ihre Schranken allein erlaubten Gebrauchs, ein Folgesatz des Bedürfnisses ist und *für sich allein* den ganzen Bestimmungsgrund unsers Urteils über das Dasein des höchsten Wesens ausmacht, von dem es nur ein zufälliger Gebrauch ist, sich in den spekulativen Versuchen über denselben Gegenstand zu orientieren: so fehlte er hierin allerdings, daß er dieser Spekulation dennoch so viel Vermögen zutraute, für sich allein auf dem Wege der Demonstration alles auszurichten. Die Notwendigkeit des ersteren Mittels konnte nur stattfinden, wenn die Unzulänglichkeit des letzteren völlig zugestanden war: ein Geständnis, zu welchem ihn seine Scharfsinnigkeit doch zuletzt würde gebracht haben, wenn mit einer längeren Lebensdauer ihm auch die den Jugendjahren mehr eigene Gewandtheit des Geistes, alte gewohnte Denkungsart nach Veränderung des Zustandes der Wissenschaften leicht umzuändern, wäre vergönnet gewesen. Indessen bleibt ihm doch das Verdienst, daß er darauf bestand, den letzten Probierstein der Zulässigkeit eines Urteils hier wie allerwärts nirgend als *allein in der Vernunft* zu suchen: sie mochte nun durch Einsicht oder bloßes Bedürfnis und die Maxime ihrer eigenen Zuträglichkeit in der Wahl ihrer Sätze geleitet werden. Er nannte die Vernunft in ihrem letzteren Gebrauche die gemeine Menschenvernunft; denn dieser ist ihr eigenes Interesse jederzeit zuerst vor Augen, indes man aus dem natürlichen Geleise schon muß getreten sein, um jenes zu vergessen und müßig unter Begriffen in objektiver Rücksicht zu spähen, um bloß sein Wissen, es mag nötig sein oder nicht, zu erweitern.

Da aber der Ausdruck: *Ausspruch der gesunden Vernunft*, in vorliegender Frage immer noch zweideutig ist und entweder, wie ihn selbst MENDELSSOHN mißverstand, für ein Urteil aus *Vernunfteinsicht* oder, wie ihn der Verfasser der Resultate zu nehmen scheint, ein Urteil aus *Vernunfteingebung* genommen werden kann, so wird nötig sein, dieser Quelle der Beurteilung eine andere Benennung zu geben, und keine ist ihr angemessener als die eines ***Vernunftglaubens***. Ein jeder Glaube, selbst der historische, muß zwar *vernünftig* sein; (denn der letzte Probierstein der Wahrheit ist immer die Vernunft), allein ein Vernunftglaube ist der, welcher sich auf keine andere Data gründet als die, so in der *reinen* Vernunft enthalten sind. Aller *Glaube* ist nun ein subjektiv zureichendes, objektiv aber *mit Bewußtsein* unzureichendes Fürwahrhalten; also wird er dem *Wissen* entgegengesetzt. Andrerseits, wenn aus objektiven, obzwar mit Bewußtsein unzureichenden Gründen etwas für wahr gehalten, mithin bloß *gemeinet* wird, so kann dieses *Meinen* doch durch allmähliche Ergänzung in derselben Art von Gründen endlich ein *Wissen* werden. Dagegen, wenn die Gründe des Fürwahrhaltens ihrer Art nach gar nicht objektiv gültig sind, so kann der Glaube durch keinen Gebrauch der Vernunft jemals ein Wissen werden. Der historische Glaube z. B. von dem Tode eines großen Mannes, den einige Briefe berichten, *kann ein Wissen werden*, wenn die Obrigkeit des Orts denselben, sein Begräbnis, Testament usw. meldet. Daß daher etwas historisch bloß auf Zeugnisse für wahr gehalten, d. i. geglaubt wird, z. B. daß eine Stadt Rom in der Welt sei, und doch derjenige, der niemals da gewesen, sagen kann: *Ich weiß*, und nicht bloß: *Ich glaube*, es existiere ein Rom, das steht ganz wohl beisammen. Dagegen kann der reine *Vernunftglaube* durch alle natürliche Data der Vernunft und Erfahrung niemals in ein *Wissen* verwandelt werden, weil der Grund des Fürwahrhaltens hier bloß subjektiv, nämlich ein notwendiges Bedürfnis der Vernunft ist (und, solange wir Menschen sind, immer bleiben wird), das Dasein eines höchsten Wesens nur *vorauszusetzen*, nicht zu demonstrieren. Dieses Bedürfnis der Vernunft zu ihrem sie befriedigenden *theoretischen* Gebrauche würde nichts anders als reine *Vernunfthypothese* sein, d. i. eine Meinung, die aus subjektiven Gründen zum Fürwahrhalten zureichend wäre; darum, weil man, gegebene *Wirkungen zu erklären*, niemals einen andern als diesen Grund erwarten kann und die Vernunft doch einen Erklärungsgrund bedarf. Dagegen der *Vernunftglaube*, der auf dem Bedürfnis ihres Gebrauchs in *praktischer* Absicht beruht, ein *Postulat* der Vernunft heißen könnte; nicht, als ob es eine Einsicht wäre, welche aller logischen Forderung zur Gewißheit Genüge täte, sondern weil dieses Fürwahrhalten, (wenn in dem Menschen alles nur moralisch gut bestellt ist), dem Grade nach keinem Wissen nachsteht,(5) ob es gleich der Art nach davon völlig unterschieden ist.

Ein reiner Vernunftglaube ist also der Wegweiser oder Kompaß, wodurch der spekulative Denker sich auf seinen Vernunftstreifereien im Felde übersinnlicher Gegenstände orientieren, der Mensch von gemeiner, doch (moralisch) gesunder Vernunft aber seinen Weg, sowohl in theoretischer als praktischer Absicht, dem ganzen Zwecke seiner Bestimmung völlig angemessen vorzeichnen kann; und dieser Vernunftglaube ist es auch, der jedem anderen Glauben, ja jeder Offenbarung zum Grunde gelegt werden muß.

Der *Begriff* von Gott, und selbst die Überzeugung von seinem *Dasein*, kann nur allein in der Vernunft angetroffen werden, von ihr allein ausgehen und weder durch Eingebung, noch durch eine erteilte Nachricht von noch so großer Auctorität zuerst in uns kommen. Widerfährt mir eine unmittelbare Anschauung von einer solchen Art, als sie mir die Natur, soweit ich sie kenne, gar nicht liefern kann, so muß doch ein Begriff von Gott zur Richtschnur dienen, ob diese Erscheinung auch mit allen dem übereinstimme, was zu dem Charakteristischen einer Gottheit erforderlich ist. Ob ich gleich nun gar nicht einsehe, wie es möglich sei, daß irgendeine Erscheinung dasjenige auch nur der Qualität nach darstelle, was sich immer nur denken, niemals aber anschauen läßt, so ist doch wenigstens soviel klar, daß, um nur zu urteilen, ob das Gott sei, was mir erscheint, was auf mein Gefühl innerlich oder äußerlich wirkt, ich ihn an meinen Vernunftbegriff von Gott halten und darnach prüfen müsse, nicht ob er diesem adäquat sei, sondern bloß, ob er ihm nicht widerspreche. Ebenso: wenn auch bei allem, wodurch er sich mir unmittelbar entdeckte, nichts angetroffen würde, was jenem Begriffe widerspräche, so würde dennoch diese Erscheinung, Anschauung, unmittelbare Offenbarung oder wie man sonst eine solche Darstellung nennen will, das *Dasein* eines Wesens niemals beweisen, dessen Begriff, (wenn er nicht unsicher bestimmt und daher der Beimischung alles möglichen Wahnes unterworfen werden soll), *Unendlichkeit* der Größe nach zur Unterscheidung von allem Geschöpfe fodert, welchem Begriffe aber gar keine Erfahrung oder Anschauung adäquat sein, mithin auch niemals das Dasein eines solchen Wesens unzweideutig beweisen kann. Vom Dasein des höchsten Wesens kann also niemand durch irgendeine Anschauung *zuerst* überzeugt werden; der Vernunftglaube muß vorhergehen, und alsdann könnten allenfalls gewisse Erscheinungen oder Eröffnungen Anlaß zur Untersuchung geben, ob wir das, was zu uns spricht oder sich uns darstellt, wohl befugt sind für eine Gottheit zu halten und nach Befinden jenen Glauben bestätigen.

Wenn also der Vernunft in Sachen, welche übersinnliche Gegenstände betreffen, als das Dasein Gottes und die künftige Welt, das ihr zustehende Recht, *zuerst* zu sprechen bestritten wird, so ist aller Schwärmerei, Aberglauben, ja selbst der Atheisterei eine weite Pforte geöffnet. Und doch *scheint* in der Jacobischen und Mendelssohnischen Streitigkeit alles auf diesen Umsturz, ich weiß nicht recht, ob bloß der *Vernunfteinsicht* und des Wissens (durch vermeinte Stärke in der Spekulation) oder auch sogar des *Vernunftglaubens*, und dagegen auf die Errichtung eines andern Glaubens, den sich ein jeder nach seinem Belieben machen kann, angelegt. Man sollte beinahe auf das letztere schließen, wenn man den Spinozistischen Begriff von Gott als den einzigen mit allen Grundsätzen der Vernunft stimmigen(6) und dennoch verwerflichen Begriff aufgestellt sieht. Denn, ob es sich gleich mit dem Vernunftglauben ganz wohl verträgt einzuräumen, daß spekulative Vernunft selbst nicht einmal die *Möglichkeit* eines Wesens, wie wir uns Gott denken müssen, einzusehen imstande sei: so kann es doch mit gar keinem Glauben und überall mit keinem Fürwahrhalten eines Daseins zusammenbestehen, daß Vernunft gar die *Unmöglichkeit* eines Gegenstandes einsehen und dennoch aus anderen Quellen die Wirklichkeit desselben erkennen könnte.

Männer von Geistesfähigkeiten und von erweiterten Gesinnungen! Ich verehre Eure Talente und liebe Euer Menschengefühl. Aber habt Ihr auch wohl überlegt, was Ihr tut, und wo es mit Euren Angriffen auf die Vernunft hinaus will? Ohne Zweifel wollt Ihr, daß *Freiheit zu denken* ungekränkt erhalten werde; denn ohne diese würde es selbst mit Euren freien Schwüngen des Genies bald ein Ende haben. Wir wollen sehen, was aus dieser Denkfreiheit natürlicherweise werden müsse, wenn ein solches Verfahren, als Ihr beginnt, überhandnimmt.

Der Freiheit zu denken ist *erstlich* der *bürgerliche Zwang* entgegengesetzt. Zwar sagt man: die Freiheit zu *sprechen* oder zu *schreiben*, könne uns zwar durch obere Gewalt, aber die Freiheit zu *denken* durch sie gar nicht genommen werden. Allein wie viel und mit welcher Richtigkeit würden wir wohl *denken*, wenn wir nicht gleichsam in Gemeinschaft mit andern, denen wir unsere und die uns ihre Gedanken *mitteilen*, dächten! Also kann man wohl sagen, daß diejenige äußere Gewalt, welche die Freiheit, seine Gedanken öffentlich *mitzuteilen*, den Menschen entreißt, ihnen auch die Freiheit zu *denken* nehme; das einzige Kleinod, das uns bei allen bürgerlichen Lasten noch übrig bleibt, und wodurch allein wider alle Übel dieses Zustandes noch Rat geschafft werden kann.

Zweitens wird die Freiheit zu denken auch in der Bedeutung genommen, daß ihr der *Gewissenszwang* entgegengesetzt ist; wo ohne alle äußere Gewalt in Sachen der Religion sich Bürger über andere zu Vormündern aufwerfen, und statt Argument durch vorgeschriebene, mit ängstlicher Furcht vor der *Gefahr einer eigenen Untersuchung* begleitete Glaubensformeln alle Prüfung der Vernunft durch frühen Eindruck auf die Gemüter zu verbannen wissen.

Drittens bedeutet auch Freiheit im Denken die Unterwerfung der Vernunft unter keine andere Gesetze, als *die sie sich selbst gibt*; und ihr Gegenteil ist die Maxime eines *gesetzlosen Gebrauchs* der Vernunft, (um dadurch, wie das Genie wähnt, weiter zu sehen als unter der Einschränkung durch Gesetze). Die Folge davon ist natürlicherweise diese, daß, wenn die Vernunft dem Gesetze nicht unterworfen sein will, das sie sich selbst gibt, sie sich unter das Joch der Gesetze beugen muß, die ihr ein anderer gibt; denn ohne irgendein Gesetz kann gar nichts, selbst nicht der größte Unsinn, sein Spiel lange treiben. Also ist die unvermeidliche Folge der *erklärten* Gesetzlosigkeit im Denken (einer Befreiung von den Einschränkungen durch die Vernunft) diese: daß Freiheit zu denken zuletzt dadurch eingebüßt und, weil nicht etwa Unglück, sondern wahrer Übermut daran schuld ist, im eigentlichen Sinne des Worts *verscherzt* wird.

Der Gang der Dinge ist ungefähr dieser. Zuerst gefällt sich das *Genie* sehr in seinem kühnen Schwunge, da es den Faden, woran es sonst die Vernunft lenkte, abgestreift hat. Es bezaubert bald auch andere durch Machtsprüche und große Erwartungen und scheint sich selbst nunmehr auf einen Thron gesetzt zu haben, den langsame, schwerfällige Vernunft so schlecht zierete; wobei es gleichwohl immer die Sprache derselben führet. Die alsdann angenommene Maxime der Ungültigkeit einer zu oberst gesetzgebenden Vernunft nennen wir gemeine Menschen ***Schwärmerei***; jene Günstlinge der gütigen Natur aber *Erleuchtung*. Weil indessen bald eine Sprachverwirrung unter diesen selbst entspringen muß, indem, da Vernunft allein für jedermann gültig gebieten kann, jetzt jeder seiner Eingebung folgt, so müssen zuletzt aus inneren Eingebungen durch äußere Zeugnisse bewährte Fakta, aus Traditionen, die anfänglich selbst gewählt waren, mit der Zeit *aufgedrungene* Urkunden, mit einem Worte, die gänzliche Unterwerfung der Vernunft unter Fakta d. i. der ***Aberglaube*** entspringen, weil dieser sich doch wenigstens in eine *gesetzliche Form* und dadurch in einen Ruhestand bringen läßt.

Weil gleichwohl die menschliche Vernunft immer noch nach Freiheit strebt, so muß, wenn sie einmal die Fesseln zerbricht, ihr erster Gebrauch einer lange entwöhnten Freiheit in Mißbrauch und vermessenes Zutrauen auf Unabhängigkeit ihres Vermögens von aller Einschränkung ausarten, in eine Überredung von der Alleinherrschaft der spekulativen Vernunft, die nichts annimmt, als was sich durch *objektive* Gründe und dogmatische Überzeugung rechtfertigen kann, alles übrige aber kühn wegleugnet. Die Maxime der Unabhängigkeit der Vernunft von ihrem *eigenen Bedürfnis* (Verzichttuung auf Vernunftglauben) heißt nun ***Unglaube***; nicht ein historischer, denn den kann man sich gar nicht als vorsätzlich, mithin auch nicht als zurechnungsfähig denken, (weil jeder einem Faktum, welches nur hinreichend bewährt ist, ebensogut als einer mathematischen Demonstration glauben muß, er mag wollen oder nicht); sondern ein *Vernunftunglaube*, ein mißlicher Zustand des menschlichen Gemüts, der den moralischen Gesetzen zuerst alle Kraft der Triebfedern auf das Herz, mit der Zeit sogar ihnen selbst alle Autorität benimmt und die Denkungsart veranlaßt, die man ***Freigeisterei*** nennt, d. i. den Grundsatz, gar keine Pflicht mehr zu erkennen. Hier mengt sich nun die Obrigkeit ins Spiel, damit nicht selbst bürgerliche Angelegenheiten in die größte Unordnung kommen; und da das behendeste und doch nachdrücklichste Mittel ihr gerade das beste ist, so hebt sie die Freiheit zu denken gar auf und unterwirft dieses, gleich anderen Gewerben, den Landesverordnungen. Und so zerstört Freiheit im Denken, wenn sie so gar unabhängig von Gesetzen der Vernunft verfahren will, endlich sich selbst.

Freunde des Menschengeschlechts und dessen, was ihm am heiligsten ist! Nehmt an, was Euch nach sorgfältiger und aufrichtiger Prüfung am glaubwürdigsten scheint, es mögen nun Fakta, es mögen Vernunftgründe sein; nur streitet der Vernunft nicht das, was sie zum höchsten Gut auf Erden macht, nämlich das Vorrecht ab, der letzte Probierstein der Wahrheit(7) zu sein! Widrigenfalls werdet Ihr, dieser Freiheit unwürdig, sie auch sicherlich einbüßen und dieses Unglück noch dazu dem übrigen schuldlosen Teile über den Hals ziehen, der sonst wohl gesinnt gewesen wäre, sich seiner Freiheit *gesetzmäßig* und dadurch auch zweckmäßig zum Weltbesten zu bedienen!

Königsberg.

I. Kant.

Lesarten

Drucke:

1. Berlinische Monatsschrift. Oktober-Heft 1786. S. 304–330.

2. I. Kant. Kleine Schriften. Neuwied 1793. Haupt. 8°· S. 104–138.

3. I. Kant. Zerstreute Aufsätze. Frankfurt und Leipzig 1793. S. 122–147.

4. I. Kants sämmtliche kleine Schriften. 4 Bände. 8°· Königsberg und Leipzig (Voigt, Jena) 1797–98. Bd. III, S. 275–304.

5. I. Kants vermischte Schriften. 3 Bände. Halle 1799. (Tieftrunk.) Bd. III, S. 61–88.

6. Kant. Vorzügliche kleine Schriften und Aufsätze, hrsg. mit Noten von F. Ch. Starke. 2 Bände. Leipzig 1833 und Quedlinburg 1838. Bd. I, S. 85–102.

351, 6 wollten (A)] sollten Vorl. (wohl Df.?) 355, 27 noch (A)] nicht (T) 357, 5 bewunderungswürdigem (A, 93, Ak)] bewundernswürdigen T, H, Vorl. 357, 11 eine erste (A, 93, Vorl.)] eine T, H, R 357, 33 Gutes, was] Gutes, auf das, was (Maier in Ak.). Unnötig. 360, 1 v. u. d. Anm. Sachen (A, 93, T)] Sache (H, Vorl.) 361, 2 diese (A, 93, T)] die (H, Vorl). 362, 15 d. Anm. Unmöglichkeit] Hartenstein hält das für falsch und schlägt vor: »Notwendigkeit« zu lesen. 364, 22 äußere Zeugnisse (H)] Zeugnisse äußere (A, 93)

(1) Jacobi, Briefe über die Lehre des Spinoza. Breslau 1785. – Jacobi, Wider Mendelssohns Beschuldigung betreffend die Briefe über die Lehre des Spinoza. Leipzig 1786. – Die *Resultate* der Jacobischen und Mendelssohnschen Philosophie, kritisch untersucht von einem Freiwilligen. Ebendas.

(2) Sich im Denken überhaupt *orientieren*, heißt also: sich, bei der Unzulänglichkeit der objektiven Prinzipien der Vernunft, im Fürwahrhalten nach einem subjektiven Prinzip derselben bestimmen.

(3) Da die Vernunft zur Möglichkeit aller Dinge Realität als gegeben vorauszusetzen bedarf und die Verschiedenheit der Dinge durch ihnen anhängende Negationen nur als Schranken betrachtet, so sieht sie sich genötigt, eine einzige Möglichkeit, nämlich die des uneingeschränkten Wesens als ursprünglich zum Grunde zu legen, alle anderen aber als abgeleitet zu betrachten. Da auch die durchgängige Möglichkeit eines jeden Dinges durchaus im Ganzen aller Existenz angetroffen werden muß, wenigstens der Grundsatz der durchgängigen Bestimmung die Unterscheidung des Möglichen vom Wirklichen unserer Vernunft nur auf solche Art möglich macht, so finden wir einen subjektiven Grund der Notwendigkeit, d. i. ein Bedürfnis unserer Vernunft selbst, aller Möglichkeit das Dasein eines allerrealesten (höchsten) Wesens zum Grunde zu legen. So entspringt nun der Cartesianische Beweis vom Dasein Gottes: indem subjektive Gründe, etwas für den Gebrauch der Vernunft, (der im Grunde immer

nur ein Erfahrungsgebrauch bleibt), vorauszusetzen, für objektiv – mithin *Bedürfnis* für *Einsicht* – gehalten werden. So ist es mit diesem, so ist es mit allen Beweisen des würdigen Mendelssohn in seinen Morgenstunden bewandt. Sie leisten nichts zum Behuf einer Demonstration. Darum sind sie aber keinesweges unnütz. Denn nicht zu erwähnen, welchen schönen Anlaß diese überaus scharfsinnigen Entwickelungen der subjektiven Bedingungen des Gebrauchs unserer Vernunft zu der vollständigen Erkenntnis dieses unsers Vermögens geben, als zu welchem Behuf sie bleibende Beispiele sind; so ist das Fürwahrhalten aus subjektiven Gründen des Gebrauchs der Vernunft, wenn uns objektive mangeln und wir dennoch zu urteilen genötigt sind, immer noch von großer Wichtigkeit; nur müssen wir das, was nur abgenötigte *Voraussetzung* ist, nicht für *freie Einsicht* ausgeben, um dem Gegner, mit dem wir uns aufs *Dogmatisieren* eingelassen haben, nicht ohne Not Schwächen darzubieten, deren er sich zu unserem Nachteil bedienen kann. Mendelssohn dachte wohl nicht daran, daß das *Dogmatisieren* mit der reinen Vernunft im Felde des Übersinnlichen der gerade Weg zur philosophischen Schwärmerei sei, und daß nur Kritik ebendesselben Vernunftvermögens diesem Übel gründlich abhelfen könne. Zwar kann die Disziplin der scholastischen Methode (der Wolffischen z. B., die er darum auch anriet), da alle Begriffe durch Definitionen bestimmt und alle Schritte durch Grundsätze gerechtfertigt werden müssen, diesen Unfug wirklich eine Zeitlang hemmen, aber keinesweges gänzlich abhalten. Denn mit welchem Rechte will man der Vernunft, der es einmal in jenem Felde, seinem eigenen Geständnisse nach, so wohl gelungen ist, verwehren, in ebendemselben noch weiter zu gehen? und wo ist dann die Grenze, wo sie stehen bleiben muß?

(4) Die Vernunft fühlt nicht; sie sieht ihren Mangel ein und wirkt durch den *Erkenntnistrieb* das Gefühl des Bedürfnisses. Es ist hiemit wie mit dem moralischen Gefühl bewandt, welches kein moralisches Gesetz verursacht; denn dieses entspringt gänzlich aus der Vernunft, sondern durch moralische Gesetze, mithin durch die Vernunft verursacht oder gewirkt wird, indem der rege und doch freie Wille bestimmter Gründe bedarf.

(5) Zur *Festigkeit* des Glaubens gehört das Bewußtsein seiner *Unveränderlichkeit.* Nun kann ich völlig gewiß sein, daß mir niemand den Satz: *Es ist ein Gott*, werde widerlegen können; denn wo will er diese Einsicht hernehmen? Also ist es mit dem Vernunftglauben nicht so

wie mit dem historischen bewandt, bei dem es immer noch möglich ist, daß Beweise zum Gegenteil aufgefunden würden, und wo man sich immer noch vorbehalten muß, seine Meinung zu ändern, wenn sich unsere Kenntnis der Sachen erweitern sollte.

(6) Es ist kaum zu begreifen, wie gedachte Gelehrte in der *Kritik der reinen Vernunft* Vorschub zum Spinozism finden konnten. Die Kritik beschneidet dem Dogmatism gänzlich die Flügel in Ansehung der Erkenntnis übersinnlicher Gegenstände, und der Spinozism ist hierin so dogmatisch, daß er sogar mit dem Mathematiker in Ansehung der Strenge des Beweises wetteifert. Die Kritik beweiset, daß die Tafel der reinen Verstandesbegriffe alle Materialien des *reinen* Denkens enthalten müsse; der Spinozism spricht von Gedanken, die doch selbst denken, und also von einem Accidens, das doch zugleich für sich als Subjekt existiert: ein Begriff, der sich im menschlichen Verstande gar nicht findet und sich auch in ihn nicht bringen läßt. Die Kritik zeigt: es reiche noch lange nicht zur Behauptung der Möglichkeit eines selbst gedachten Wesens zu, daß in seinem Begriffe nichts Widersprechendes sei (wiewohl es alsdann nötigenfalls allerdings erlaubt bleibt, diese Möglichkeit anzunehmen); der Spinozism gibt aber vor, die Unmöglichkeit eines Wesens einzusehen, dessen Idee aus lauter reinen Verstandesbegriffen besteht, wovon man nur alle Bedingungen der Sinnlichkeit abgesondert hat, worin also niemals ein Widerspruch angetroffen werden kann, und vermag doch diese über alle Grenzen gehende Anmaßung durch gar nichts zu unterstützen. Eben um dieser willen führt der Spinozism gerade zur Schwärmerei. Dagegen gibt es kein einziges sicheres Mittel, alle Schwärmerei mit der Wurzel auszurotten, als jene Grenzbestimmung des reinen Vernunftvermögens. – Ebenso findet ein anderer Gelehrter in der Kritik d. r. Vernunft eine *Skepsis*; obgleich die Kritik eben darauf hinausgeht, etwas Gewisses und Bestimmtes in Ansehung des Umfanges unserer Erkenntnis a priori festzusetzen. Imgleichen eine *Dialektik* in den kritischen Untersuchungen, welche doch darauf angelegt sind, die unvermeidliche *Dialektik*, womit die allerwärts dogmatisch geführte reine Vernunft sich selbst verfängt und verwickelt, aufzulösen und auf immer zu vertilgen. Die Neuplatoniker, die sich *Eklektiker* nannten, weil sie ihre eigenen Grillen allenthalben in älteren Autoren zu finden wußten, wenn sie solche vorher hineingetragen hatten, verfuhren gerade ebenso; es geschieht also insofern nichts Neues unter der Sonne.

(7) *Selbstdenken* heißt: den obersten Probierstein der Wahrheit in sich selbst (d. i. in seiner eigenen Vernunft) suchen, und die Maxime, jederzeit selbst zu denken, ist die *Aufklärung*. Dazu gehört nun eben so viel nicht, als sich diejenigen einbilden, welche die Aufklärung in Kenntnisse setzen; da sie vielmehr ein negativer Grundsatz im Gebrauche seines Erkenntnisvermögens ist und öfter der, so an Kenntnissen überaus reich ist, im Gebrauche derselben am wenigsten aufgeklärt ist. Sich seiner *eigenen* Vernunft bedienen, will nichts weiter sagen, als bei allem dem, was man annehmen soll, sich selbst fragen, ob man es wohl tunlich finde, den Grund, warum man etwas annimmt, oder auch die Regel, die aus dem, was man annimmt, folgt, zum allgemeinen Grundsatze seines Vernunftgebrauches zu machen. Diese Probe kann ein jeder mit sich selbst anstellen; und er wird Aberglauben und Schwärmerei bei dieser Prüfung alsbald verschwinden sehen, wenn er gleich bei weitem die Kenntnisse nicht hat, beide aus objektiven Gründen zu widerlegen. Denn er bedient sich bloß der Maxime der *Selbsterhaltung* der Vernunft. Aufklärung in *einzelnen Subjekten* durch Erziehung zu gründen, ist also gar leicht; man muß nur früh anfangen, die jungen Köpfe zu dieser Reflexion zu gewöhnen. Ein *Zeitalter* aber aufzuklären, ist sehr langwierig; denn es finden sich viel äußere Hindernisse, welche jene Erziehungsart teils verbieten, teils erschweren.

9 789356 704480

Printed at Repro India Ltd.